En kurs till mirakler

Lars Gimstedt

© **PsykosyntesForum, 2014**

Utgåva 1, 11 berättelser.
(Bidra med fler! Se sista kapitlet.)

Revisionsdatum: 11 november 2014.

ISBN
978-91-982124-5-7   (EPUB-version)
978-91-982124-6-4   (LIT   -version)
978-91-982124-7-1   (MOBI-version)
978-91-982124-8-8   (PDF   -version)
978-91-982124-9-5   (Paperback)

MOBI-versionen (Kindle) är tillgänglig på Amazon.com
och Amazons andra internet-siter. De andra
versionerna, inklusive de engelska, finns att köpa på
http://psykosyntesforum.se/Svensk/
En_kurs_till_mirakler.htm

Typsnitt Bookman Old 12. Sidstorlek 6x9" (15,24 x
22,86 cm). Marginaler: hor 2,0 / vert 2,5.

Om författaren:

Lars Gimstedt arbetar som psykosyntes-terapeut i Linköping. Hans grund-utbildning var kvantfysik, och han har arbetat som ingenjör och chef inom industrin under 30 år.

I mitten av sitt liv började han att studera psykosyntes, kognitiv beteendeterapi och NLP, och arbetade deltid som psykoterapeut under tio år, tills han började arbeta heltid i sitt företag PsykosyntesForum.se 2003 med livs- och ledarskapscoaching, psykoterapi och med e-kurser och e-böcker över internet.

Tidigare böcker av Lars Gimstedt:

Stairway: 10 steg till himlen. (Mars 2014)
Jag, Yeshua. Väckaren. (Maj 2014)

Innehållsförteckning

Förord

Målsättningen med den här boken

Den här boken är resultatet av ett samarbetsprojekt, där det mesta av materialet har bidragits av andra. Min roll har varit redaktörens och översättarens (den finns på engelska också). De "andra" är andra elever till boken **En Kurs i Mirakler** (EKIM), och jag fick kontakt med dem via webb-sidorna MiracleShare.org och Mirakelkursen.org.

Målsättningen med den här boken är att föra EKIMs budskap "ned till jorden" genom att samla ett antal vittnesbörd om vad som händer när man överlämnar sig till Den Helige Ande och låter Honom besluta vad man ska säga och göra.

Det jag hoppas på är att du, läsaren av den här lilla boken, ska övervinna det motstånd du kanske bär på mot att överlämna dig till Gud (ett vanligt motstånd, jag lovar...) och att du får uppleva Guds nåd för din egen del.

Vad var det som fick mig att ställa samman den här boken?

Jag kom i kontakt med EKIM 1986, eller jag borde hellre säga EKIM hittade mig. Min dåvarande fru var en andlig sökare, medan jag var en fyrkantig ingenjör och fysiker, ateist som en följd av uppväxt och vetenskaplig skolning. När mitt arbete förde mig till Boeing i Seattle i USA accelererade min frus intresse, eftersom Seattle på den tiden var något av ett Mecka for New Age i USA. En dag kom hon hem med en folder om en bok som tillkommit genom "kanalisering", där författaren påstods vara Jesus

Kristus. Det här fick "min bägare att rinna över", eftersom mitt tålamod med min frus "irrationella" intressen hade prövats hårt under hösten, och jag bestämde mig konstigt nog för att läsa boken (EKIM), med målsättningen att övertyga min fru om varför material som detta var grundfalskt.

För att göra en lång historia kort, ledde det här till ett andligt uppvaknande för mig, i mitten av mitt liv (jag fyllde 40 i september 1986). Att "göra kursen" ledde till att jag bytte yrke, till att bli psykoterapeut och livscoach 1992. Jag har använt EKIM som mitt rättesnöre, både i mitt privata som i mitt yrkesmässiga liv, under snart trettio år nu.

(För en längre historia, läs min delvis självbiografiska bok "Stairway. 10 steg mot himlen".)

När jag började dra ned på mitt psykoterapeutiska arbete i samband med pensionering vid sextiofem års ålder, fick det mig att "återvända till källan", till det som hade fått mig att välja den väg jag valt en gång i tiden, och jag återvände till att studera EKIM igen.

Jag fann att jag nu läste boken "med nya ögon" (terapeutens), vilket fick mig att sätta ihop en e-kurs "Ett psykosyntesperspektiv på En Kurs i Mirakler", och på kort tid skrev jag också två böcker, "Stairway. 10 steg mot himlen" och "Jag Yeshua. Väckaren", bägge baserade på EKIMs budskap.

Allt det här fick mig att fundera över hur jag "levde" själv med avseende på principerna i EKIM. Jag insåg, vilket kändes nedslående, att trots min långa erfarenhet av att arbeta med EKIM som min yrkesmässiga värdegrund, och trots att jag nu till och med skrev kurser och böcker om EKIM, styrde mitt ego fortfarande mina beslut (även om jag misstänker att Någon Annan har puttat mig framåt ibland...).

EKIM var fortfarande rätt så "teoretisk" för mig, och jag hade aldrig riktigt litat på att Gud skulle kunna bestämma saker åt mig. Jag kände större sinnesro jämfört med hur det var före 1986, men jag hade egentligen aldrig upplevt något mirakulöst.

När jag nu läste om EKIM, och till exempel kom till "Regler för beslut" i kapitel 30, fick det mig att besluta att *inte* besluta något själv längre:

1. *I dag kommer jag inte att fatta några beslut på egen hand.*

2. *Om jag inte fattar några beslut på egen hand, är detta den dag som kommer att vara mig given.*

3. *Jag har ingen fråga.*
   Jag glömde vad jag skulle besluta.

4. *Jag kan åtminstone besluta att jag inte tycker om det jag känner nu.*

5. *Och därför hoppas jag att jag haft fel.*

6. *Jag vill se detta på ett annat sätt.*

7. *Kanske finns det ett annat sätt att se på detta. Vad kan jag förlora genom att fråga?*

Kort efter det här beslutet började jag att uppleva mina första mirakler. Inte några som fick tankar att svindla eller något spektakulärt, men jag kände ändå igen dem som mirakler, och jag kände igen beskrivningarna i kapitel 1, "Miraklernas mening", till exempel de här (mina understrykningar):

4. *Alla mirakler innebär liv, och Gud är Livgivaren. Hans Röst kommer mycket uttryckligt att visa dig vägen. Du kommer att få veta allt du behöver veta.*

11. *Bönen är miraklernas medium. Den är ett kommunikationsmedel mellan det skapade och Skaparen. Genom bön tas kärleken emot, och genom mirakler uttrycks kärleken.*

18. *Ett mirakel är en tjänst. Det är den största tjänst du kan göra någon. Det är ett sätt att älska din nästa så som dig själv. Du inser ditt eget och din nästas värde samtidigt.*

21. *Mirakler är naturliga tecken på förlåtelse. Genom mirakler accepterar du Guds förlåtelse genom att utsträcka den till andra.*

38. *Den Helige Ande är miraklernas mekanism. Han ser både Guds skapelser och dina illusioner. Han skiljer det sanna från det falska genom Sin förmåga att varsebli totalt snarare än selektivt.*

När jag läste mirakelprincip 7 *"Mirakler är allas rättighet, men rening är nödvändig först"*, fick jag erkänna för mig själv att min "rening" verkade ha tagit nästan trettio år...

De här upplevelserna fördjupade min förståelse av EKIM genom att det var just att uppleva något känslomässigt, snarare än att vara något tankemässigt eller teoretiskt. Jag kände snart ett behov av att dokumentera upplevelserna i en dagbok, och jag fick idén att den här dagboken så småningom skulle kunna resultera i en bok.

Efter ett tag kände jag dock att det gick alldeles för långsamt framåt med att skriva den här boken, eftersom mitt liv rent allmänt numera är ganska lugnt och fritt från konflikter, trots det faktum att vi, min fru Hildigerdur och jag, fortfarande har två tonåringar boende hemma.

Jag följde mitt nya livs-beslut och rådfrågade Den Helige Ande, och fick svaret att jag borde be andra att bidra, och jag la in ett upprop för detta i de webb-grupper jag nämnde i början av det här förordet.

De här bidragen finns här nedanför. Jag har lagt in dem i kronologisk följd, efter det datum de skrivits eller det datum när de skickades till mig. Jag har inte kommenterat dem eller skrivit något om de berättelser du nu kommer att läsa, eftersom jag tycker att de talar för sig själva.

Stort nöje, läs och reflektera!

En sak till vill jag dela med mig av:

Vid en EKIM-nätverksträff oktober 2014 fanns det ett anslag som hälsade oss varje morgon när vi gick in i samlingssalen. Budskapet på anslaget var ungefär så här, och det fick mitt humör att lyfta:

God morgon.

Det här är Gud.

Idag, lyssna inåt, så kommer jag
att ge dig lösningen på
varje problem du möter.

Du behöver inte tänka ut något själv,
så koppla av och ha en bra dag!

Och till sist: snälla, **bidra** med fler personliga berättelser! (Läs instruktionerna i sista kapitlet.)

1. Brottas med Gud.

Av Pia Rönnquist, utdrag ur bloggen
http://ekim.cefeus-kelpie.com/#post234
1 april 2013

Efter en stökig del av mitt liv följde en lång lugn
period. Jag läste vidare i ACIM under ett par år, men
sedan blev det mindre och mindre. Trots allt så hade
jag tre barn, varav Patric som var liten. Hus, jobb och
hunduppfödning.

Det som jag medvetet har jobbat med under de här
åren är just förlåtelse. Att inte reta upp mig på folk
och det har dessutom varit ganska omöjligt eftersom
jag reagerar så starkt. Men jag mår så dåligt när jag
dömer andra. Som hunduppfödare är man mamma åt
en massa nya människor. Så länge de inte ber om
hjälp så ska man bara vara tyst och när de ber om
hjälp så skulle man ha hjälpt dem igår.

Det jag hela tiden har varit noga med är att be Gud
om hjälp med att para med rätt hane och även med
att rätt valp ska komma till rätt ägare. Resultatet har
varit fantastiskt, jag har haft fantastiska resultat med
hundarna. Och underbara valpköpare som vissa
hunnit köpa både tre och fyra hundar av mig.

Själv tävlade jag fortfarande en del men inte alls på
samma sätt som tidigare. Mitt jobb har ju inneburit
att jag har träffat en massa olika människor,
nästan varje vecka så fick jag långa livshistorier. Om
jag har hjälpt någon det vet jag inte, däremot så vet
jag att det har givit mig mycket livserfarenhet.

Familjelivet var jag nöjd med, Patric har jag varit så otroligt tacksam över att jag bitvis hoppats på att han skulle vara lite förståndshandikappad så jag skulle få behålla honom hemma hela livet. De två stora skaffade sig båda bra utbildningar och flyttade hemifrån.

Och jag kände att det började pocka på att det var dags att börja läsa ACIM igen. Jag hade hela tiden prenumererat på nyhetsbrev från Miracle Center, men knappt läst dem. En av anledningarna till att jag inte har velat ha kontakt med andra är att jag själv tror att jag skulle tävla med "Vem är närmast Gud, Du eller Jag ?" Så jag gjorde motstånd.

Men, det började gå sämre på jobbet. Jag tyckte att det mesta gick emot mig och så bröt jag benet sommaren 2009, när jag precis lagom hade kommit igång med att gå ner i vikt och tävla med en ny hund. Så då satte jag mig ner och tyckte synd om mig själv, gick upp ännu mer i vikt och vintern 2011 vägde jag 126 kg.

Då hände något. Nog med detta! Jag bestämde mig för att sluta gnälla och att göra något åt det. Kilona rasade och jag hade så kul. Någon hade sträckt sig ned med en skruvmejsel och ändrat några viktiga inställningar i mitt huvud. Det gick så lätt, så jag visste att nu hade hjälpen kommit. Och samtidigt som kilona rasade så visste jag att nu kunde jag inte smita undan EKIM längre.

Jag halverade kroppsvikten på mindre än tio månader, och det var så lätt. Men jag började också bli rädd igen. Men jag tänkte okej det är dags, jag letade på nätet och hittade ACIM som ljudbok. Började lyssna och lyssna och lyssna. Hittade ACIM på svenska senare på våren, och då var jag ju "tvungen" att börja med lektionerna igen. Kan inte säga att jag började frivilligt den här gången heller, utan det var dags för en ny depression. Den här gången promenerade jag mig ur den, kunde gå upp till 30 km om dagen. Fast oftast så var det 14-16 km. Blev hundbiten, spillde kokande vatten över ena handen och sedan ramlade jag av hästen och fick ett brutet finger och ett finger som skadat leden.

Nu när jag likt ett barn ville ha belöning för att jag börjat läsa igen, fick jag istället bara elände. Jag insåg att det var dags att ge upp.

Så började jag leta upp andra som studerade ACIM. Jag gick med i en norsk grupp på Facebook, och blev medlem i den Svenska EKIM-gruppen. Jag bad Gud om hjälp med att byta jobb och så ringde en gammal kollega upp mig. Han började bara småprata lite och jag avbröt honom och sa: *"Du vill erbjuda mig jobb, eller hur? Det är okej. Jag börjar jobba hos dig"*. Det blev tyst i andra änden av luren, men visst hade jag rätt. Gud hade hjälpt mig igen.

Den svenska EKIM kom ut som ljudbok och jag köpte den direkt. Så nu kunde jag lyssna på den så mycket jag ville, och det var mest hela tiden. Fick höra talas om Hangouts på internet, där flera som studerade kursen träffades. Jag introducerade en av mina valpköpare i stan till EKIM och hon har nu börjat läsa den, strax efter så sprang jag på en man som hade ACIM i bokhyllan även om han inte läst den. Nu så träffas vi tre en gång varannan vecka för att studera kursen tillsammans. Nu har jag kontakt med så många människor. Visst har jag känt av *"Vem står närmast Gud, du eller jag?"* men det blir mindre och mindre. Och när någon sa saker som minsann jag

hade vetat i över tjugo år, så högg det i magen. Egot
vet bra hur det ska jobba...

Det har tagit ett tag för mig att ge upp allt motstånd,
och det är kanske inte riktigt klart än även om jag
känner mig trygg och lugn idag. Lektionerna har varit
helt annorlunda den här andra omgången, motstånd
i början men lättare och lättare. Det är ju egentligen
så otroligt lätt, bara att förlåta och låta Den Heliga
Ande visa vägen. Jag har även börjat meditera igen.
Ja, jag gör mitt bästa för att ta in kraften från Den
Heliga Ande. Ber Honom om vägledning hela tiden,
passar på egot som hela tiden gör sig påmind.

För så mycket hjälp och vägledning som jag har fått,
och Han har alltid varit med mig även fast jag gjort
motstånd mest hela tiden. Det ser i alla fall så ut
när jag tittar bakåt. Jag har alltid allt jag behöver, jag
får alltid alla svar jag behöver. Det enda som jag är
helt säker på är att även om jag gör motstånd och
försöker starta krig mot Gud ibland så kommer jag
alltid tillbaka. Och Gud tar emot.

Vet inte varför jag delger detta till er, vet inte om det
ens intresserar er. Men är det något som jag har lärt
mig och det redan för många år sedan, är att när Den
Heliga Ande ber mig att göra något, då bara gör jag
det.

I min försvarslöshet ligger min styrka.

2. Låne-uppsägningen

Av Calico Hickey
http://calicounedited.com
11 december 2013
(Översatt till svenska av Lars Gimstedt.)

Den här berättelsen handlar om hur jag skapade Den
Största Chansen ur det som när det hände kändes
som min största hjärtsorg.

Det började med att jag köpte mark och byggde mitt
'drömhus'. Min irländska mormor brukade berätta för
mig om hur de bodde ovanpå sina djur. Som barn var
jag trollbunden. Under hela min barndom hade jag
fantasier om hur jag skulle bo när jag blev vuxen, och
de innehöll alltid djur på olika sätt!

Så genom att börja med ett stycke oröjt land,
utformade jag det jag fantiserat om. Jag skapade en
fristad åt mig själv, det ultimata "huset i trädkronan".
Jag levde i nivå med ponderosa-tallens grenar. Jag
förvandlade loftet i min lada till den underbaraste av
platser. 100 kvadratmeter Kärlek. Jag skrev in
affirmationer och ord om Kärlek på alla takbalkar och
väggstöttor. Under spånten och nåten i väggarna
skrev jag in ord som skulle 'stötta fantasin'. Eller så
tänkte jag mig att de skulle göra.

Jag byggde min Avgud och döpte henne till
'Skrattande Palomino'. Ju mer jag lade in i henne,
desto mer omedveten blev min frånvändhet till Gud.
Jag skapade min egen 'himmel', åtskild från Gud.
Utan medveten tanke byggde jag upp en
föreställningsvärld runt Skrattande Palomino. Jag
arbetade för att bli självförsörjande genom att elda
med ved som jag tog från min skog, vilket samtidigt
gjorde skogen mer livskraftig, min trädgård gav mig
en stor del av min föda, jag arbetade med boskap som
så småningom skulle bli mat, jag arbetade med
återvinning, och arbetade mig in i en enorm härva av
inre övertygelser. Ett tankesystem som jag trodde
skulle hjälpa mig, genom att jag trodde att det byggde
på min Gudstillit. Men i mitt fall, ett tankesystem
som skulle skapa resultat som skulle komma att falla
i bitar.

Inget av det här var jag medveten om så länge min
Avgud, Skrattande Palomino, förblev ohotat. Men på
något inre plan, visste jag att vägen till Gud var bort
från min själv-valda isolering på berget. Jag drevs att
gå ut i skogarna, som Thoreau. Idag Ser jag, att jag
behövde ge upp min Avgud genom en medveten
handling, och att flytta någon annan stans för att
kunna tjäna Gud bättre. Jag riggade upp det här för

att lära mig att Se. Jag behövde tvingas ge upp det enda jag kunde se då, min största kärlek.

Den här "formen av kärlek" är vad EKIM kallar avgudadyrkan. Avgudar är vad som helst vi värderar högre än Guds Kärlek. Mitt gamla åtagande att Se som Gud Ser blev mindre viktigt än att sköta Skrattande Palomino. Jag hade gjort min avgud större än Gud i mitt sinne.

Om du längtar efter att Se Gud måste avgudarna släppas... eller förändras... Eftersom jag hade hamnat i en särskilt 'envis' sorts illusion, mig själv, var den lektion jag projicerade in i min värld, 'låneuppsägningen', den snabbaste vägen tillbaks till Gud, den snabbaste vägen tillbaks till att 'se min frånvändhet', att 'avtäcka mitt inre Ljus', 'hitta tillbaks till Kärleken'... eller vad man än vill kalla det.

Men ändå, jag kom till den här världen uppbyggd av illusioner som ett barn som letar efter något... något som jag till nu känner som en undermedveten längtan efter att Se Gud. Den Underliggande Energin som 'drev mig framåt' i mitt liv.

I 'berättelsen om mitt liv', som handlar om att söka Guds Närvaro och Kärlek, skulle det krävas av mig att offra min avgud. Någonstans kände jag att vare sig jag valde att stanna i Skrattande Palomino eller jag att valde att lämna det... vilket av dessa det än skulle bli... så var mitt största åtagande att bli Välsignad med Guds Frid.

Jag skulle komma att bli ledd genom En Kurs i Mirakler, och då genom den bokstavliga tolkningen av EKIM. Vägen var gudomlig och lektionen slutgiltig...

***

Skrattande Palomino innebar en enastående chans
för mig. Jag skulle utforma och bygga min version av
min mormor Francis livshistoria. Under sin barndom
på Irland fick hon bo ovanför gårdens djur. Jag hade
alltid fascinerats av det här och nu hade jag chansen
att förverkliga min egen version av hennes liv. Jag
köpte obebyggd, oröjd mark och byggde mitt näste.
Jag lärde mig massor och det var ett fantastiskt liv.
Jag köpte en lada som byggsats, och färdigställde det
med ett loft där jag kunde bo. Hundar, katter, hästar,
höns och en massa Lycka!!!

Sedan började den här projektionen att ta över mina
tankar. Jag blev mer och mer slav i mitt palats i
stället för att känna Lycka. En annan EKIM-elev
frågade mig en gång... *"Vad hindrade dig från att Se
Gud och fortsätta 'Lyckan' i Skrattande Palomino?"*
Det enda jag vet är att jag kastade mig in i illusionen
och den blev något som jag skulle ta itu med. Och jag
Vet att vad det än är som dyker upp i min 'video', så
finns där tillgång till 'en massa lycka'... men det är
något som det är min uppgift att bli Klar över. Så i
min 'video' dök det plötsligt en dag upp ett
meddelande om att en stor bank hade övertagit mitt
lån från min ursprungliga bank.

Jag Visste med en gång att jag nu hade något att bli
Klar över när mitt lån övertogs, eftersom mina villkor
ändrades när mitt gamla lån blev uppsagt. Den nya
banken tog bort min 30 års raka amortering. Min
skuld ökade och min månadsavgift blev mycket
större, utan någon som helst förklaring från dem.
Den nya banken meddelade bara ett avgiftsfritt 800-
nummer till sin kundtjänst.

Det här blev början på en fem år lång projektion som
skulle sopa mig fullständigt av banan. Jag lade ned
timmar och pengar på advokater. Banker hade

numera blivit virtuella. Den enda kanal jag hade till mitt förfogande för att 'rädda' mitt hem var ett 800-nummer.

Dramat fortsatte med att banken satte upp anslag på grinden till Skrattande Palomino. Den stora banken hade inte ett enda kontor i hela New Mexico, men de hade trots det tillgång till avlönade anställda i min avlägsna och lantliga landsdel, som kunde sätta upp "varningsanslag" och som kunde komma ut till min egendom för att ta bilder. Hela situationen var från början sådan att den kunde få vem som helst att tvivla på sitt förstånd.

Jag hade många i mitt liv vid den här tiden som hela tiden sade åt mig att 'kämpa mot dem'. "Det de gör är fel" ... så jag kämpade mot banken. Jag kämpade några år innan jag lyckades börja Se. En annan EKIM-elev undrade en gång: *"Det tog fem år!"* ... Jovars, jag var nog ovanligt träskallig!

En Stor lektion i vår värld är den om att 'där finns ingen rangordning' mellan olika mirakler... Jag har aldrig blivit begränsad av 'Guds Lagar'... men detta uppstår desto mer i 'Världens Lagar'. Så faktiskt, tanken *"jag har rätt och jag har lagen på min sida och därför kan jag bevisa det"*, fick mig faktiskt att stoppa mig själv och minnas ... jag lyder BARA under Guds Lagar, och de innebär KÄRLEK. Den världen innehåller inget 'rätt eller fel' eller 'lagen är på min sida'... så när jag tillät Guds Styre, Guds Kärlek, att Komma In, kändes inte 'lånet är uppsagt' så 'fel'. MIRAKLET: jag började SE detta på ett nytt sätt och det betydde SLUT PÅ LIDANDET!

Vid någon punkt i det här började jag sätt ord på ett åtagande att vilja känna Frid i mitt liv. Jag fick också en inre ledning att Se som Gud Ser. Banken hade inget sådant åtagande. Att hitta en lösning med så olika åtaganden kändes helt omöjligt. Så om jag skulle kunna vända på detta, behövde jag Se annorlunda på det. Jag började med att förändra hur jag talade om det.

Under den första fasen på den här resan, brukade jag tala om banken som att den 'stal mitt Hem'. Jag insåg att genom att hålla det här levande i det jag sade, skapade jag min varseblivning och i denna varseblivning gjorde jag mig ännu mer till ett offer. Så för att få igång min förlåtelse-process behövde jag börja någonstans, och detta någonstans var att börja förändra mitt sätt att tala om det här, närhelst jag hade turen att kunna höra mig själv.

Jag vill gärna flika in här, att jag är en före detta "konspirations-teoretiker och aktivist". Det jag håller på att Lära mig är att jag har betraktat regeringar, politiker, och andra former av "där uppe", som onda människor som förtjänar att vara fokus för min vrede. Som tur var, var de utom räckhåll för mig vid den här tiden och kom inte till skada av att jag uppträdde våldsamt mot dem. Men det hindrade mig inte från att odla vilda fantasier. Det dåliga i allt det här var: jag höll mig fången i att vara ett offer för den värld jag såg och som jag därför anklagade. Min fasta övertygelse var *"Det här kan aldrig bli ett 'lyckligt' ställe... ALDRIG"*.

Så jag började be och föreställde mig att jag satt i Guds knä med allt det här. Jag började plocka isär vad det var som hänt mig. Jag bodde i ett hus... och sedan flyttade jag. Utan något lidande eller dramatik, det är exakt vad som hände (utan att det ens blev en berättelse i sig). Jag fortsatte att rätta mitt sätt att tänka, bort från *"de har stulit mitt hus"* till *"jag lämnar*

ett hus". Vid någon punkt falnade gnistorna och
ilskan. Jag är inte säker hur allt det här hände utom
att det var en följd av *en smula villighet* att Se det här
på ett annat sätt, och en följd av min självdisciplin i
att styra mina tankar.

Jag hade också stor nytta av att delta i en retreat med
Nouk Sanchez. Jag tog allt jag lärt mig av EKIM och
flyttade ut det ur metaforernas rike. Jag var
frustrerad över att jag skulle behöva acceptera
försoning för bankens del, för resten av mitt liv. Hur
skulle jag någonsin kunna känna frid i en sådan
galen värld. Nouk var den första EKIM-läraren jag
stött på som talade om EKIM som *Bokstavlig*. Men,
jag var helt med på det. Jag ville absolut inte rota
runt i att hålla på att förlåta en bank under resten av
mitt liv. Jag ville ha Frid och Lycka. Och jag ville ha
det Nu.

Och jag visste inte ännu vid den här tiden, om hur
mäktig den tankeprocess jag var på väg in i skulle
visa sig vara.

***

I mina ansträngningar att 'rädda' mitt hem, skrev jag
och ringde jag till alla jag kom på. Riksgälden
(varifrån bankerna får sina pengar), politiker,
advokater, ideella föreningar som hjälpte låntagare,
kliniker som stöttade konkursoffer, allt utom att
lyckas tala med banken... den hade fortfarande bara
ett 800-nummer som kontaktväg. Där skulle så
småningom någon stackars person med minimilön
svara, en som bara försökte tjäna ihop till sina egna
räkningar.

Det fanns ingen annan att kommunicera med än
personen som svarade på 800-numret. Under inga

villkor fick vi (kunderna) få tala med
Lånehandläggarna. De fanns på nästa nivå på
hackordningen, de var näst över de som svarade i
telefon. Lånehandläggarna var förmodligen de som
hade något slags inflytande och de tjänade
förmodligen några dollar mer i timmen än den
underbetalda personalen i telefonväxeln.

Det måste jag tillstå, i allt det här - människorna som
sitter i telefonväxlarna på bankernas kundtjänster är
riktiga hjältar. De ägnar åtta timmar om dagen till att
besvara 'arga telefonsamtal'. Min inre bild av det här
är 'helvetet på jorden'. De här stackars människorna
har fått ta på sig något som liknar det många judar
tvingades till, spela musik under det att deras vänner
gick mot gaskamrarna...

Jag skrev senare tackbrev till flera av de mer än
femtio personer på banken jag talade med över åren.
Några av dessa individer försökte faktiskt hjälpa mig.
Jag kunde känna deras medkänsla. Jag Förenades
med dem i deras medkänsla och tänkte medvetet
annorlunda om dem än jag tänkte om banken.

Min förlåtelse fungerade bara när jag tänkte på
'individer som jag'. Så fort jag slog över till "Dom" ...
"Stora Banker", "Det Onda Imperiet", "Fukushima",
"Monsanto" ... eller något sådant, spårade jag ut och
ramlade ned i att göra mig till offer (igen). Så jag höll
det här på en ganska enkel nivå till en början, jag
satte dit människornas ansikten till stället i mitt inre
där jag hade "Min Ångest". Ibland fungerade det här
bra, ibland mindre bra. Jag befann mig ofta i en
barbackaritt med mina känslor, med en häst som
hotade att kasta av mig.

De val mitt lilla sinne tyckte sig ha (eller så verkade
det på mig vid den tiden) var antingen att behöva

möta den största sorg jag någonsin skulle komma att uppleva, eller möta döden. Det är viktigt att förstå att det här var jag inte medveten om då, och döden via självmord skulle ha inneburit en alltför stor skam. Så jag 'valde' gynekologisk cancer, en cancer i min livmoder, Hemmet för min identitet.

Banker och cancer hade kommit in i mitt liv bara för att ge mig chansen att Få Syn på Gud. EKIM-elever har senare frågat mig, "*Varför valde du så tuffa lektioner?*" ... Hårda tankar, hårdnackad... jag vet inte. Allt jag vet är att de här sakerna visade sig för mig *av* mig. Det Gudomliga i mig kallade in exakt det jag behövde vid varje tidpunkt, för att få mig att återvända till Gud. Det var bara olika sätt att träna förlåtelse, men varje gång med samma lösning: att Förändra mitt sätt att tänka om Allt.

Mitt lilla sinne fick mycket stöd från andra för hur fel det här var. Mitt Gudomliga Sinne däremot, det ville bara ha Frid och Kärlek. Vid den här tiden kunde jag känna Frid gentemot banken. Men jag var inte lika säker på Kärleks-biten, så jag började nu med att Skipa Fred.

Och återigen, för att vara fullkomligt ärlig här, jag 'visste' vid denna punkt i processen, att 'skipa fred' betydde att jag skulle bli tvungen att ge upp, vilket kändes som att stå på yttersta kanten till ett stup:

***

Efter att ha kommit fram till att jag Ville ha Frid mer än jag ville ha ett hus, lät jag min familj skingras. Jag hittade 'underbara hem' till min djur-familj, och jag ordnade ett jättelikt 'Ge-bort-kalas' for resten av mina 'prylar'. Jag bjöd in alla mina vänner, hade ett stort knytkalas, hyrde in 'Barnens Marimba-band' för att spela (de är från Santa Fe och är en mycket välkänd grupp som heter Ande, men de kallades alltid 'Barnens Marimba-band', trots att de nu närmade sig trettioårsåldern). Vi hade knytkalaset på andra våningen i mitt hem, och jag hade spridit ut allt jag inte skulle ta med mig i nedervåningen i ladan. Jag hade satt upp långa bord med allt mitt livs bjäfs. Jag var helt medveten om vart jag ville; den här 'grannlåten' var inte till någon nytta eller något jag ville ha.

Festen blev till ett fantastisk firande av mig. Jag hörde senare att de som varit där hade också roat sig kungligt. Jag gick aldrig nedför trappan till "scenen för Upprensningen". Jag hade bett några vänner att ta hand om 'bortskänkandet'. Allt skulle bort... betsel, vagnen, sadlar, min ateljé för färgat glas, kläder, köks- och trädgårdsutrustning, möbler, konstverk, ikoner, allt skulle bort för att hamna i nya hem. Min önskan var att bli KLAR. Och det var KLART att det här innefattade att få bort många av mina leksaker (sådant som lockat min uppmärksamhet).

En lustig sidoanmärkning - och det finns många - jag älskade Jul. Ljus-slingor, julprydnader, och allt möjligt krimkrams. I förstod senare att mina Vänner som skötte 'bortskänkandet' tvingade var och en att ta med sig åtminstone en julgrej också. De var verkligen 'bortskänkar-nazister'... de tvingade julsaker på ALLA. Jag måste erkänna att jag aldrig har saknat något enda av det här, fast min verktygslåda gavs tyvärr bort eftersom jag glömt den i ladan av misstag, den försvann tillsammans med ett antal juldekorationer. Och när jag upptäckte att jag inte hade någon hammare, hade en av mina vänner en extra och gav den till mig. Lektion: Jag behöver ingenting, inget ting.

Flytten från Skrattande Palomino var Magisk och så underbart Lätt. Jag hade haft ett kontor nere i staden under tjugo år och jag bara flyttade in där. Vänner och patienter strömmade dit och det berörde mig djupt på så många sätt! Och min Inre Frid som kom tack vare mitt beslut att 'sluta kämpa' var som att dricka svalt källvatten som man hittat mitt i en het öken. Sedan fanns det andra saker att Släppa (cancer och ingen inkomst), men 'tankestrukturen' som jag hade grundlagt under den här låneuppsägnings-processen var en 'banbrytande Grundstruktur för att Tänka Med Guds Sinne'. Den har tjänat mig väl i alla delar av min 'video'.

Att avsluta försäljningen blev i sig en lite skumpig färd. Jag blev så arg när jag skulle underteckna det

nya 'legalt giltiga dokumentet', att jag faktiskt rev
sönder papperet efter att ha skrivit *"Knulla dig själv
bank"* efter min namnteckning... så jag är långt från
perfekt. Men min förlåtelse kom fort efter att jag
Släppte det här! Kvinnan som hade hand om
försäljningen gav mig en tårta ett tag efter det att jag
rivit sönder dokumentet - en söt chokladtårta
dekorerad med *'Knulla Dig Själv [Stora Bankens
Namn]'* (namnet dolt här för att skydda de oskyldiga.)

Så för nu, är just det här övningstillfället att Förlåta
avslutat. Jag känner en sådan tacksamhet mot mitt
Högre Jag, mitt Själv, för att det rivit bort skynkena i
mitt sinne som höll på att göra mig fullständigt galen.
Och jag vill av hela mitt hjärta säga Tack till Alla Ni
som stod vid min sida och Alla Ni som inte gjorde det.
På grund av min galenskap, Dömde jag mig själv...
men Sedan Valde jag På Nytt...

Så Den Nya Början kom igång nere i staden med två
hundar som sällskap, och med Ett Helt Nytt Sätt att
Se Allting! Wooo Hooo, mot Nya Äventyr, Med Gud!

3. SMS-et.

Av Lars Gimstedt (PsykosyntesForum.se)
10 augusti 2014

Vi har haft traditionen att fira de dagar när vi fick våra två adopterade barn. Vi fick dem när de var spädbarn, och vår son Jakob är idag 16, vår dotter Signý är 14.

Under Signýs dag det här året var vi på semester ute i en hyrd segelbåt, så vi lovade henne att vi skulle fira henne på kvällen den dag vi kommit hem efter veckan, och att hon skulle få önska sig vad hon ville ha till middag. På detta hade hon svarat att hon ville beställa special-pizzor från Pizza Hut.

Kort efter att vi kommit hem, ringer vi och beställer pizzor och jag åker iväg i bilen för att hämta dem. Att köra hem omgiven av doften av nygräddade pizzor fick det att vattnas i munnen på mig - maten ombord hade varit OK, men man gräddar inte pan-pizzor i ett litet båt-pentry.

Ivrig att sätta mig ned för att äta, blir jag besviken över att ingen har förberett något för festmiddagen - duka, fixa läsk, och så vidare.

Jag påpekar det här för Signý, som mött mig vid entrén, och jag säger argt

- "Nu sätter jag mig och äter min pizza själv, innan den blir kall!"

Signý blir arg hon med och svarar

- "Du bad oss inte göra något!"

Jag tar fram bestick, glas och en ölburk, och under det att jag sätter mig vid middagsbordet säger jag

- "Det borde ni ha förstått själva när jag åkte iväg för att hämta dem."

Signý härmar mig och säger med gnällig röst

- "Nu sätter jag mig och äter min pizza *själv*, innan den blir kall!"

Kokande av ilska tar jag deras pizzakartonger, låser in dem i bilen, och rusar ned i gillestugan i källaren med min egen pizza och min öl. Jag slänger i mig pizzan utan att njuta ett dugg, och sedan stannar jag bara där och surar. Och ältar.

Jag förmår inte komma över min ilska trots att min fru kommer ned och frågar vad allt det här handlar om. Hon har hämtat deras pizzor med sin egen bilnyckel, och hon ber mig komma upp och vara med dem. Jag vägrar.

Till och med när vår son kommer ned och ber mig komma upp och bli sams med hans syster, vägrar jag.

Efter ett tag, kanske en halvtimme, har jag lugnat ned mig och jag börjar tänka igenom vad som har hänt, och vad jag borde göra nu. Jag skäms djupt över min barnslighet. I mina tankar går jag igenom olika scenarior för att bli sams med Signý, men jag hamnar varje gång i bilder där jag ser hur jag försöker rättfärdiga mitt eget beteende och försöker få henne att känna sig skyldig, under täckmanteln av att "bli sams".

Det känns fullständigt hopplöst, tills tanken kommer

- "Jag håller på att *analysera* det här, och jag försöker vara den Helige Ande själv. Eller jag försöker föra *Honom* till problemet, i stället för att överlämna problemet *till* Honom.

Och jag ber inom mig

- "Jag ber Dig, ta min ilska och min skam. Led mig."

Jag går tillbaks upp till köket i hopp om att hitta henne, men min fru berättar att hon just gått hemifrån för att vara med en kompis som bor i närheten, och att hon inte sagt när hon skulle komma tillbaks. Så gick det med det firandet...

Jag börjar göra upp nya scenarion för vad jag ska göra när hon kommer hem igen, men den här gången stoppar jag mig själv med en gång, och jag ber igen

- "Snälla. Led mig."

Och jag leds fram till mitt skrivbord, och jag tar upp min mobil, och jag sänder ett sms till Signý:

- *"Först kräver jag av dig att kunna läsa mina tankar. Sen, genom att äta själv, straffar jag dig för att du inte är tankeläsare. Idag slog jag verkligen mitt personliga rekord i att vara korkad."*

Signý svarar med en gång

- *"Förlåt pappa för det jag sa och gjorde. När ska jag vara hemma?"*

Jag svarar

- *"Ibland blir det 'ful-pingis' med oövertänkta ord. Hå hå ja ja... Det är väl bra om du kommer hem typ tio så du hinner duscha och så."*

Signý kommer hem prick tio. Utan att säga något går vi bara fram till varandra och kramas. En lång, varm, kärleksfull kram...

De andra vet inget om vår sms-konversation, så senare när de blir ensamma med mig uttrycker bägge sin förvåning över att allt bara försvann. Att vi inte talat ut om det, att Signý inte blev kvar i sitt vanliga tonårs-martyrskap.

Jag känner fullständig inre frid, så jag säger inget, jag bara ler till svar.

4. Hitta hem och kura.

Av Kay Nieminen
8 september 2014
(Översatt till svenska av Lars Gimstedt.)

Att hitta ett annat hus att bo i fick mitt sinne att
hamna i begravningsstämning! Jag kände sorg och
förlust eftersom att behöva lämna mitt hus - mitt
hem, min trygghet och min snuttefilt sedan 21 år
kändes som döden. Jag skulle komma att lämna en
oas med alla dennas bekvämligheter - där allt hade
sin plats, där allt fanns som jag trodde att jag
behövde. och där allt var ordnat på det sätt jag tyckte
om - och jag skulle nu flytta in ett obekant
territorium som var okänt och ganska skrämmande.

Efter att vi hittat ett annat ställe att bo på och innan
vi genomfört flytten, befann jag mig i ett mentalt kaos.
Jag försökte övervinna rädslan genom att i mina
tankar ordna möblering och arrangera allt jag skulle
ta med mig till det nya stället, för att på det sättet
åtminstone få en känsla av igenkännande och
kontroll. Jag lyckades inte för min inre blick se hur
något skulle kunna passa in eller var jag skulle lägga
mina saker. Den nakna och uppenbara sanningen var
att inget var likt mitt gamla hem, och det kändes som
att jag aldrig mer skulle kunna uppleva hemkänsla.

Med tårarna rinnande nedför mina kinder och med
hjärtat tungt av förlust frågade jag Den Helige Ande
om vad som hände med mig och Han sa till mig att
förlust finns inte, bara transfiguration. Han sa att
pusselbitarna inte kunde passa in längre som de
brukat göra eftersom mitt sinne (mitt liv) hade vänts

upp och ned. Mina möbler skulle aldrig kunna passa in som de brukat i en ny omgivning och det här var symboliskt för hur det är att försöka passa in gammalt i ett nytt sammanhang. Jag hade ingen aning om vad ordet transfiguration betydde, så jag slog upp det och hittade definitionen: *"en fullständig omvandling av form eller utseende till något vackrare eller mer förandligat"*. Det här var sannerligen inte hur jag upplevde det då!

Några veckor senare fick jag en uppenbarelse och ett mirakel hände och detta var vad jag såg:

Under alla år hade jag upplevt en slags hemlängtan och denna längtan hade försatt mig i en känsla av vara berövad något, eftersom jag aldrig visste var jag hörde hemma. Inom mig visste jag att det här inte var längtan efter mitt barndomshem och till och med efter att jag köpt och ägt mitt eget hem hade känslan från min inre hemlängtan ändå blivit kvar. Nu förstärkte min förvirring över var detta hem egentligen fanns min känsla av tomhet, galenskap, ensamhet, isolering och nedstämdhet.

Även trots att äga mitt eget hem aldrig lindrat denna längtan, hade jag ändå felaktigt lagt in min känsla av trygghet, frid och tillhörighet i mitt hus. När jag nu sålt huset och höll på att flytta, lossnade något inom mig och jag fick insikten att jag hade sökt ett hem utanför mig själv för att lindra min ensamhet och känsla av utanförskap. Jag hade sökt en fristad i världen, en som skulle skänka mig sinnesro och lycka, och när frid och lycka ändå kändes mer och mer avlägsna, och ju mer livet blev förtvivlat och skrämmande, desto mer hade jag dragit mig tillbaks från livet och sökt skydd hemma!

Även trots när Den Helige Ande några år tidigare hade sagt mig att det hem jag sökt var det med stort H - Himlen/Gud, hade jag inte kunnat förstå att Hem inte var något utanför mig själv, så jag hade fortsatt att söka.

Genom uppenbarelsen av miraklet som uppstått genom min flytt som åter väckt upp min känsla av hemlöshet, fick min sorg och mina tårar mig att förstå att det jag längtat efter var ett hem inom mig själv, ett Hem där jag kunde kura i fullständig trygghet och lycka. Sorgens tårar blev till glädjens och tacksamhetens tårar när jag äntligen förstod att JAG ÄR det jag sökt alla dessa år och att det enda jag behöver göra är att gå in i mig själv och veta att jag är redan Hemma!

En djup känsla av tacksamhet fyllde mitt hjärta av att mina böner blivit besvarade och jag nu kan vila i den frid som vetskapen JAG ÄR för med sig. En transfiguration har i sanning inträffat, eftersom mitt hem har genomgått *"en fullständig omvandling av form eller utseende till något vackrare eller mer förandligat"* och jag har flyttat in i mitt Hem.

Gud är med mig. Jag lever och rör mig i Honom.
Lektion 222

Gud är med mig. Han är mitt livs Källa, livet i mig, luften jag andas, födan som håller mig vid liv, vattnet som förnyar och renar mig. Han är mitt hem där jag lever och rör mig; Anden Som leder mina handlingar, erbjuder mig Sina Tankar och garanterar min frihet från all smärta. Han omsluter mig med godhet och omtanke, och hyser kärlek för Sonen som Han lyser över, och som också lyser över Honom. Så stilla han är som känner sanningen i det Han talar om i dag!

*Fader, vi har inga ord förutom Ditt Namn på våra
läppar och i vårt sinne, när vi nu stilla kommer in i Din
Närvaro och ber att få vila tillsammans med Dig i frid
en stund. AMEN.*

5. Att varsebli eller att Se.

Av Patrick Madden
http://about.me/patrick_madden
17 september 2014
(Översatt till svenska av Lars Gimstedt.)

Carl Rogers, en av grundarna av den humanistiska (eller den klient-fokuserade) skolan inom psykologin, sägs ha myntat uttrycket "ovillkorligt positivt förhållningssätt".

Men, jag hade en gång en kollega för vilken jag inte kände annat än "ovillkorligt negativt förakt". Hon och jag tyckte helt inte om varandra och kunde överhuvud taget inte vara överens i något. Faktum är att jag var övertygad om att hon gjorde mer skada än nytta (vi har bägge yrken där vi är satta att hjälpa människor). Jag dömde henne strängt och ofta. Hon gav igen, föga överraskande. Vi fungerade inte tillsammans i möten eller kommittéer eftersom gnistor flög och vår chef höll oss, klokt nog, helt åtskilda.

Vid den här tiden hade jag börjat läsa Kursen, och när jag läste om "att se med Kristus ögon", beslöt jag mig för att acceptera henne i mitt liv som en chans att lära mig något. Jag stod helt enkelt inte ut med den inre spänning, ångest, ilska, och kritiska fördömandet som flög som gnistor mellan oss. Jag förlorade bokstavligen många timmars sömn på grund av detta.

Som jag blev instruerad av Kursen (lektion 78), började jag att be om att bli ledd av Den Helige Ande till ett tillstånd där jag skulle kunna släppa mitt fördömande av henne och helt enkelt förlåta henne. Under mina morgonmeditationer började jag försöka se henne för min inre blick så tydligt jag kunde, och så snart jag hade kunnat forma den här bilden strävade jag efter att "se förbi" hennes fysiska uppenbarelse (ansiktsuttryck, etc), såväl som alla de negativa egenskaper jag förknippade med henne.

Det tog ett tag (många sessioner), men till slut inträffade miraklet! Jag faktiskt SÅG henne som den hon faktiskt är bakom den persona hon visade upp här på jorden (eller den jag hade satt ihop). Vad jag såg var helt enkelt (nåväl inte så enkelt!) strålande vitt ljus som flödade ut ur henne. Det var fullständigt makalöst! Jag grät länge den morgonen - av glädje - för jag hade lyckats omvandla mitt hat mot henne (en återspegling av min egen rädsla och självförakt) till kärlek för henne. Jag såg henne som den hon i sanning är, allt fördömande och hat jag hade känt mot henne hade smält bort. Hur skulle jag kunna hata en så strålande uppenbarelse? Tillsammans med hatet jag hade känt för henne, smälte mitt självhat bort också; för jag insåg att hon var jag och jag var hon, och vi är bägge gudomliga varelser.

Och det bästa med den här upplevelsen är att jag insåg att jag kunde göra så här med vem som helst, med alla. Jag visste nu AV EGEN ERFARENHET att det Kursen lär ut är verkligt!

Efter den här händelsen har jag kunnat SE många personer, eftersom, tack vare min forna 'fiende', jag nu vet vad jag ska titta efter. Det är en häpnadsväckande och förunderlig upplevelse. Det har förändrat mitt liv.

Efter det här, när vi vistades på samma ställe, märkte jag att jag inte längre sände ut den negativa, elektriskt laddade fördömande energi jag förut riktat mot henne. Jag övade mig på att SE henne i verkliga livet på samma sätt som jag betraktat henne under mina meditationer. Uppenbarligen "snappade hon upp" att jag inte längre ville befinna mig i krig med henne. Och, voila! hon slutade sända fiendskap och fördömanden och negativism mot mig. Vi hade slutit fred.

Även om det inte blev så att vi arbetade tillsammans (vi fick olika uppdrag inom vår organisation), fortsatte vi att delta i möten tillsammans och vi mötte varandra i korridorerna. Vi blev inte bästa vänner eller valde att gå ut och äta lunch tillsammans. Men, vi slutade tycka illa om varandra och vi slutade angripa varandra. Hon kom till och med till avskedsfesten vid min pension (det var inte alls likt henne att komma till sociala tillställningar), och vi log mot varandra och omfamnade varandra.

Jag välsignar henne fortfarande för att hon kommit in i mitt liv. Hon fick mig att lära mig en ENORM läxa. Ibland är det så, att de som vi har de största svårigheterna med i vårt liv är våra viktigaste lärare.

Lektion 78: "Låt mirakler ersätta allt agg."

Må Ljuset från vår Faders Kärleksfulla Hjärta välsigna och vederkvicka alla som tar emot det.

6. Uppvaknandet.

Av Hanle, Sydafrika
17 september 2014
(Översatt till svenska av Lars Gimstedt.)

Jag höll på med min morgonövning. Det var tyst omkring mig, och i mitt inre frågade jag som vanligt om att få uppleva frid. Då hörde jag plötsligt Den Helige Ande tydligt säga att den är här, den väntar bara på att du ska acceptera det. Jag öppnade ögonen, och det var som om jag vandrat in till en annorlunda värld. Allt omkring mig var så vackert, fyllt av kärlek. Jag minns hur jag klev in i min bil, och jag tittade ned på ratten och jag såg att den var Kärlek. När jag körde mot mitt arbete, tittade jag på träden och de skimrade av den här obeskrivbara Kärleken. Luften omkring mig var fylld av Kärlek. Det var som om jag återvänt till paradiset.

Jag kom fram till mitt arbete och mina arbetskamrater verkade ha en upphetsad diskussion om Bibeln. Men, allt jag såg var hur helt och hållet underbara de var, varenda en av dem. Jag hade ingen önskan att delta i diskussionen. Jag kände mig bara uppfylld av en underbar känsla av Kärlek och Den fanns överallt, i allt. Under den här morgonen hörde jag om tre personer som hade dött under den gångna helgen och jag såg vilket enfaldigt begrepp döden var.

Jag såg att det är sant att alla de andra var här tillsammans med mig. Det var som om våra små kroppar och egon var långt, långt borta, som när man

vänt en kikare bak och fram. Under det att vi låtsades
arbeta, samtala, äta, befann vi oss alla i en
fullständigt annorlunda plats, som inte var en plats
alls. Där vi var fanns inga kroppar, allt var abstrakt,
men samtidigt visste jag på något sätt vem jag
pratade med. Men det vi kommunicerade var
fullständig Kärlek, absolut och uppfylld Kärlek. Till
och med sådana som jag hade verkat avsky i
drömvärlden var med mig här, i underbar Kärlek och
Frid. En av dem berättade för mig att han behövde
göra det han gjort för att hjälpa mig att släppa allt.
Jag såg att varenda en av dem var en värdefull Lärare
och att ingen var utesluten, ACIM-elev eller inte,
religiös eller inte. Vi var alla fullständigt likvärdiga,
ingen var före, ingen var efter.

Det här var den verkliga världen jag kommit in i, i
motsats till den bara ibland lyckliga drömmen jag
hade upplevt förut. Det var precis så fullkomligt och
underbart som Kursen beskriver det. Det fortsatte
under fyra underbara dagar.

Sedan kom tanken "Jag måste hålla kvar det här" och
i och med den tanken gled jag tillbaks till drömmen.
Jag tyngdes av svåra skuldkänslor efteråt. Jag hade
blivit visad vad som finns bakom slöjorna och jag
hade ändå valt att falla tillbaks till att välja egot.

Senare upptäckte jag att jag kunde återvända till
minnet av den verkliga världen när som helst och det
har hjälpt mig så mycket med att bli riktigt klar över
vad Kursen lär. Skuldkänslorna förbyttes till en
känsla av djup tacksamhet.

Jag har delat med mig av den här upplevelsen med
bara några få. Det är svårt att hitta ord som beskriver
det på rätt sätt. Efter att det här hände har jag fått

uppleva många andra mirakler, men det här var det största av dem alla.

7. Mail-gräl.

Av Bonnie Nack
22 september 2015
(Översatt till svenska av Lars Gimstedt.)

Jag hade en mail-konversation härom dagen. Den blev ganska upphetsad och ledde ingenstans. Det här är ett utdrag ur mail-konversationen, från en punkt strax innan ett mirakel plötsligt inträffade:

Från: Bonnie Nack <bnack@ca.xx.com>
Till: tsumit <tsumit@aol.com>
Sänt: Ons, 17 sept, 2014, 21:47
Ärende: Re: hela citatet

Som vanligt använder du någon auktoritet för att bevisa dina lögner och förvrängningar. Jag är för trött för att ens försöka bemöta dem längre. Men jag är glad att du har verkar ha fått ut något av vårt meningsutbyte.

Från: tsumit <tsumit@aol.com>
Till: Bonnie Nack <bnack@ca.xx.com>
Sänt: Ons, 17 sep , 2014, 23:46
Ärende: Va?

Jag hoppas att vår fiendskap kommer att blåsa över om ett tag. Eller, om den inte gör det, att vi kan lyckas att förlåta den andra, i vårt inre. Jag ser mig själv som ett pågående projekt som inte kommer vara klart på länge än, men jag är inte så förskräcklig som du tycks tro. Och, som jag har sagt i andra mail, jag skulle aldrig ha gått in i den här jobbiga processen om jag inte respekterade dig så mycket, och inte

brydde mig om dig. Det här har inte varit lätt för någon av oss, och jag uppskattar dina ansträngningar, såväl som mina egna. En av de roliga delarna var den elaka gen-grejen, och jo, vi har den bägge, men det är OK.
Med värme, Thea

Från: Bonnie Nack <bnack@ca.xx.com>
Till: tsumit <tsumit@aol.com>
Sänt: Ons, 18 sept, 2014, 01:15
Ärende: Re: Va?

Jag tycker inte att du är förskräcklig. Jag tror att det mesta i ditt tänkande går automatiskt och är av den anledningen meningslöst. Det jag skrev till dig om dina ego-försvar gjorde att jag lärde mig något, och jag hoppas att du också gjorde det. Jag kände mig nöjd med mig själv över att jag överlevde dem i stället för att bli intrasslad i dem. Faktum är, att mitt djupaste motiv var att få en djupare kontakt med dig, grundat i det sanna i stället för bara i det ytliga.

Jag upplevde ett mirakel i natt. Gud i mitt Högre Jag kom och raderade all mening från våra diskussioner. Hela händelsen är meningslös. Det var som om, i känslomässiga termer, det aldrig hänt. Det är känslor som ger mening till det som händer. Meningslöshet är en konstig upplevelse och jag kände att jag behövde anstränga mig för att låta det stanna i mitt medvetande. Ett helt avsnitt av mitt liv meningslöst? Jag gick med på det trots att det kändes skrämmande.

Jag märkte just att mitt ryggskott håller på att gå över. Kursen lär att det inte är det kroppsliga helandet som är viktigt; det är renandet av sinnet som är det viktiga. Kroppsligt helande följer som en naturlig sak.

Jag lär mina elever om något som kallas Det Heliga
Ögonblicket. Det är den korta tidsrymd när sinnet är
tillräckligt tyst för att kunna höra ett svar som inte
redan formulerats i ens egen fråga. Jag har övat mig
på Det heliga Ögonblicket ett tag nu, och jag har fått
mycket andlig ledning. Upplevelsen i natt var som ett
utökat Heligt Ögonblick. Jag var nu beredd att ge upp
allt jag investerat av mig själv i våra diskussioner, och
de kändes plötsligt meningslösa. Kursen lär att en
orsak är bara verklig när den får följder. Ingen påföljd
betyder att ingen utlösande orsak finns ... ingen
skuld ... inget här hänt. Detta är miraklet som helar.

Så jag har lärt mig än mer från det som hänt mellan
oss. Jag har lärt mig hur Gud eller Den Helige Ande
gör mirakler. Jag har aldrig känt mig så lugn som nu.
Jag vet att allt jag behöver göra för att skapa mirakler
är att göra det jag gör. Inget mer. Inget speciellt. Bara
att sätta den ena foten framför den andra, och att
veta att från ens andes synvinkel, spelar inget någon
roll.

Att inget spelar någon roll betyder att världen är inte
verklig, och inte vårt lidande heller. Allt är en illusion.
Just nu känns det som om det som hänt mellan oss
är en illusion eller en dröm.

Jag drömde tidigt idag på morgonen att jag hade inget
på mig... en jätte-hög med kläder, men ändå inget för
mig att ta på mig. Jag kunde inte gå till mitt arbete
på skolan för att jag inte hade något att sätta på mig.
Djur klättrade omkring på högen med kläder ...
hundar låg och sov på dem. Men alla var snälla och
fridfulla ... helt igenom. Maura stod vid sidan och
bekymrade sig för mig, utan att förstå.

Inga bekymmer, inga problem, ingen press... jag
gjorde bara det jag ville göra i stunden. Kläder har att

göra med att skapa intryck. Skolan har med
intellektet att göra.

Sett från miraklets perspektiv är allt meningslöst.
Den här världen är meningslös. Den får bara mening
ur vårt beroende av den.

Från: tsumit <tsumit@aol.com>
Till: Bonnie Nack <bnack@ca.xx.com>
Sänt: Ons, 18 sep , 2014, 09:39
Ärende: Va?

Du verkar ha haft riktigt positiva upplevelser i natt.
Det känns underbart. Jag tror att allt helande är
mentalt. Det har jag hört mer än en gång.

Från: Bonnie Nack <bnack@ca.xx.com>
Till: tsumit <tsumit@aol.com>
Sänt: Ons, 18 sept, 2014, 10:52
Ärende: Re: Va?

Du har varit som en katalysator för mitt andliga
växande. Just nu inser jag att det vi värdesätter allra
mest i den här världen... vårt "jag", är det vi är här för
att kunna släppa. Det är det som orsakar allt lidande.

Både EKIM och Kabbalan lär att vi är Ett. "Jaget" är
det som separerar oss. "Jaget" är uppbyggt av
minnen, en inre bild vi skapat som vi kallar egot, och
egots försvar. Bakom detta finns det universella
sinnet, medvetandet om att vi är Ett. Så minnena,
självbilden och egots försvar är det som hindrar oss
från att veta att vi är Ett.

Jag kallar Den Helige Ande i Det Heliga Ögonblicket
för "den stora utsuddaren". Jag visste inte hur mäktig
Han är. Han kan sudda ut hela din personliga
historia om du inbjuder Honom att göra det.

För mig själv, känns det som en sådan lättnad att bli befriad från "jaget". Det fanns en gång ett helgon kallad Nitchananda, som brukade tala om sig själv som "den här".

EKIM säger att den hemliga överenskommelsen vi alla har med varandra är att bli sårade och att angripa tillbaks. Det är den här överenskommelsen som vidmakthåller illusionen att vi är åtskilda. Det är den här överenskommelsen som håller igång egot och självbilden. Eller vice versa, om du inte har någon självbild, kan du inte komma till skada.

Jag känner hur min kropp slappnar av och hur den helas... till och med mina låsta leder börjar lossna. Inget jag, inget ego; ingen anledning att angripa; ingen anledning att skada.

Kroppen kommer ur sinnet och bara lyder sinnet. Kroppen har inget eget medvetande. Kroppen är stoft.

8. Ett Heligt Ögonblick.

Av Daniel Vandinja
Redaktör för Mirakelnytt, mirakelkursen.org
26 september 2014

I mitt studium av Mirakelkursen, som pågått under
några års tid, har jag haft lätt att ta till mig de delar
som handlar om kursens metafysik, det vill säga den
information som förtydligar hur universum kom till
genom separation, projektion, skuld och så vidare.
Jag har också haft relativt lätt att ta till mig de olika
verktyg för förlåtelse som kursen erbjudit, i alla fall
arbetsbokens lektioner fram till Repetition nr 1.

Lektionerna efter första repetitionen i arbetsboken
har emellertid varit svårare att smälta. Efter lektion
61 börjar lektionerna ändra karaktär, från att handla
om hur min syn på världen kan ändras, till hur jag
kan ändra syn på "mig själv". Lektionerna handlar
allt mer om <u>mig</u> och min sanna natur, och kommer
med rena påståenden som jag förväntas bara svälja:
"Jag är världens ljus" (61), *"Jag är som Gud skapade
mig"* (94 med flera liknande). Dessa påståenden har
varit svåra för mig att förstå och integrera.
Påståendena har känts alltför främmande,
orealistiska och högtravande för att gälla "mig".

Men, så en lördagmorgon i juli, i år (2013), så ägde ett
Heligt Ögonblick rum. Jag vaknade på morgonen med
en tung känsla av depression. Jag tänkte för mig själv
att det måste finnas någon passage i Kursen som kan
hjälpa mig mot denna så välbekanta känsla av
"meningslöshet", som då och då besökt mig de
senaste åren. Jag slog på måfå och hamnade på

kapitel 31, del VIII.1.5. Det första mina ögon fäste blicken på var meningen

*"Jag är som Gud skapade mig. Hans son kan inte lida. Och jag **är** Hans son".*

Med viss skepsis läste jag citatet, men beslöt mig ändå för att ge det en chans. Jag läste det högt för mig själv, och gav det all inlevelse jag kunde uppbringa. Efter en minut eller så blev så plötsligt orden levande för mig. En djup, vibrerande och ljus insikt kom över mig – "Orden är SANNA!"
Helt plötsligt förstod jag att citatet gäller *mig*!

Inifrån mig bubblade så ett förlösande skratt upp. Ett skratt som slet itu mitt bröst, som fick mina ögon att brisera i tårar. Jag skrattade så ljudligt att grannarna måste ha trott att jag blivit tokig. Mitt hjärta bultade, fyllt till bredden med ödmjukhet, passion, kärlek och framförallt glädje! En glädje som även mitt sinne tog del av i en blixtrande insikt om den här världens absurditet. Jag skrattade åt hur jag någonsin kunnat tro, att jag är en liten kropp som kan lida och dö. Tanken föreföll nu som så ytterst absurd att jag gapskrattade rakt ut den följande halvtimmen.

Där fanns också, i detta ögonblick, en djup känsla av vördnad och tacksamhet. Jag vandrade, skrattande och gråtande, fram och tillbaks mellan lägenhetens olika speglar. Jag bugade inför den heliga gestalt till varelse, vars kärleksfyllda, levande hjärta och tårsprängda ögon såg tillbaks på mig, i badrummet, i köket och i vardagsrummets speglar.

När mirakelduschen lugnat sig, efter fyrtio minuter eller så, fanns ett visst mått av upprymdhet kvar, men alltmer övergick den livliga känslan till en upplevelse av orubblig stillhet och frid. Jag återvände till sida 740 i kursboken och läste följande stycke:

VIII. Välj en gång till

1. Frestelsen har en enda lektion som den vill lära ut, i alla dess former, var den än förekommer. Den vill övertyga Guds helige Son om att han är en kropp, född i det som måste dö, oförmögen att undkomma dess bräcklighet,

och bunden vid det som den befaller honom att känna. Den sätter gränserna för vad han kan göra; dess makt är den enda styrka han har; hans fattningsförmåga kan inte överskrida dess ringa räckvidd. Skulle du vilja vara detta, om Kristus visade Sig för dig i all Sin härlighet, och endast bad dig om detta:

Välj en gång till om du vill inta din plats bland världens frälsare, eller om du vill stanna i helvetet, och hålla kvar dina bröder där.

För Han har kommit, och Han ber om detta.

2. Hur gör du detta val? Så lätt det är att förklara! Du väljer alltid mellan din svaghet och Kristi styrka i dig. Och det du väljer är det som du tror är verkligt. Genom att helt enkelt aldrig använda svagheten för att styra dina handlingar, har du inte givit den någon makt. Och åt Kristi ljus i dig anförtros allt du gör. För du har fört din svaghet till Honom, och Han har givit dig Sin styrka i stället.

Jag förstod då vad jag hade gjort – jag hade ”**valt igen**”! Då kom en ny skrattsalva, som höll i sig en bra stund. ”Det är ju bara att **välja**!” Tankarna for till Kaj Pollaks bilder på sura och glada smileys, som han brukar använda som exempel på sina föreläsningar om att välja glädje. Det är ju verkligen sant, allt handlar bara om ett val. Det finns emellertid en hel del allvar i valet, som enligt citatet står mellan att ”*inta sin plats som världens frälsare, eller stanna kvar i helvetet och hålla kvar sina bröder där*”.

Med den omvälvande insikten om valets enkelhet, men samtidigt dess stora vikt, hörde jag så en röst inom mig. Jag upplevde en närvaro av en äldre, visare broder, strax bakom mig, till vänster. En gestalt full av värme och omtanke.

Jag funderade på att ringa någon för att berätta om mitt ”Heliga ögonblick”. Ett flertal personer dök upp, spontant, inför min inre blick. Jag lyfte luren, redo att ringa den första person som dykt upp i mitt sinne. Då sade Rösten med en mild tillrättavisande stämma:

"Tänk dig nu för vad du gör. Hur kommer personen att reagera på det du har att säga? Vet du hur personen har det i sitt liv just nu? Vet du om denne kommer att kunna uppskatta och ta till dig det du har att säga. Ibland kan en sådan här upplyftande händelse få motsatt effekt på en person som befinner sig i en kamp med sitt eget liv. Det så glada budskapet kan upplevas som ett försök att påvisa hur bra du är, och hur långt du har kommit i din andliga utveckling".

Jag valde att avstå från att ringa någon, men jag skrev ett inlägg på Nätverket EKIM:s sida på Facebook. Jag kände definitivt att jag vill dela den glada nyheten med andra, och jag fick massor av fina kommentarer till svar den dagen från andra EKIM-studenter.

Därefter ögnade jag igenom innehållet till arbetsboken. Oavsett vilken lektion min blick landade på, så framstod var och en som fullständigt uppenbar. Det kändes som att läsa en pekbok för treåringar. Allt var glasklart. Allt som står i kursen är SANT, allt står där helt utan omskrivningar. Allt i kursen är helt och hållet rakt på sak! Det kändes med ens som att jag var ägare till en stor och ovärderlig skattkista, en kista vars värde jag tidigare inte haft vett att uppskatta. Vilken ynnest att få fortsätta att läsa kursen, och med vilja och engagemang få omsätta alla dess citat till levande praktik.

Den vägledande gestalten bakom mig kändes väldigt bekant. En upplevelse av att jag träffat "honom" många gånger förut, även då tillfällena inte var helt uppenbara. Det kändes som en äldre, visare del av mig själv, en sorts "högre Jag" som har just förmågan att se såväl Andens som illusionens värld. En Röst vars uppgift egentligen bara är att hjälpa oss att göra klokare val. Ett "Väsen" som inte har för funktion att ta vår auktoritet och rätt att välja ifrån oss, utan snarare för att hjälpa oss att se vilka val vi har, och vilka konsekvenser de valen kan få. Vi vet oftast vad som är "rätt", men när vi går emot intuitionen, så lämnar vi vägbanan och ger oss av ner i diket, ut i snåren. Det finns en enkel väg att gå och kursen berättar för oss hur vi ska välja för att vi ska ta oss genom livet så smärtfritt som möjligt.

Nu, några dagar efter mitt Heliga ögonblick, så upplever jag att livet känns lättare. Jag har inte längre något att "skylla" på. Om jag känner mig nedstämd, så är det bara för att jag väljer "min svaghet" framför "Kristi styrka". Det är då bara att "välja igen". Dessutom upplever jag att mina tankar nu har mindre påverkan på mitt sinnestillstånd, de lyckas inte längre fånga min uppmärksamhet. De rinner av mig som vatten på en gås. Det känns ungefär som att en glasskiva upprättats mellan mig och tankarna, som om de vore fiskar i ett akvarium med mig stående utanför som en betraktare. Allt oftare försvinner också tankarna helt. De simmar inte alls. De går bara upp i rök och lämnar sinnet tomt, stilla och fridfullt. En härlig känsla där världen känns mer levande och färgstark.

En tanke dök emellertid upp i mitt sinne häromdagen. Jag var på väg upp för en slänt, då jag varit och badat nere vid bryggorna i Kristineberg, på Västra Kungsholmen i Stockholm. Jag tänkte för mig själv: "Vad är det nu tänkt att jag ska ägna mitt liv åt?". Jag reste min blick från den snåriga stigen och tittade upp på husväggen som tornade upp sig

framför mig. På väggen hade någon sprejat ordet
"DEUS" med stora bokstäver (det latinska ordet för
Gud). Jag log för mig själv, och tackade den Helige
Ande för vägledningen.

9. Varför väntar du här?

Av Dr Michael Gottschalk, 62 år.
29 januari 2014
(Översatt till svenska av Lars Gimstedt.)

Min GLÄDJE över att helande händer i vår värld -
det vill jag dela med mig av till er:

Under snart två år har jag arbetat som volontär i ett
vårdhem för obotligt sjuka, "Emmaus Hus", i Wetzlar,
Hesse, i Tyskland, under eftermiddagar och tidiga
kvällar. Jag deltar i vad som kallas "Rums-service".
Jag har som uppdrag att förbereda kvällsmat, delta i
utflykter, utföra olika ärenden och att konversera
med de gäster jag har ansvar för.

Några veckor sedan anlände en kvinna i
fyrtioårsåldern i linjär drömtid till vårdhemmet, och
hon placerades på avdelningen där jag arbetade.

Under sin första dag på vårdhemmet "råkade" jag
vara den första av oss anställda som hon mötte och
hon förde snart in vårt samtal mot buddhism och
inkarnation, nära-döden-upplevelser, om att lämna
kroppen och om idéer runt medicinsk behandling.

Hon berättade sin historia för mig, och som alltid på
vårdhemmet när de inlagda delar med sig till mig av
sin sjukdomshistoria, kan jag lyssna med ett öppet
hjärta genom att förlåta dem för att fastnat i sina
övertygelser och genom detta kunnat lindra deras
ångest (i hennes specifika "fall", en troligtvis "obotlig"
cancer). Genom detta verkar det som om de kunnat

börja uppleva frid, tröst, välsignelse och
känslomässigt helande.

Efter middagen frågade hon mig om vad det varit som
drivit mig att arbeta som volontär på ett vårdhem i
livets slutskede. I samtalet som följde efter hennes
fråga, kunde jag berätta för henne hur fullständigt
lycklig och fylld av glädje jag kände mig som elev till
Kursen, särskilt som hon frågat vilken andlig
litteratur jag brukade läsa.

När jag efter ett tag hjälpte henne att återvända till
sitt rum, upplevde jag plötsligt hur vi fick
ögonkontakt i vad som jag upplevde som oändlig tid,
men som efteråt kändes som det som Kursen kallar
Det Heliga Ögonblicket.

Efter detta uppsökte hon mig varje dag, och både
under våra stillsamma samtal, som när vi bara satt
tysta tillsammans, kunde jag ta ett steg bakåt i mitt
inre och bjuda in helandet att komma till hennes
sinne, såväl som till mitt.

Efter en tid fick jag en direkt inre uppmaning att
fråga henne:

- "Vad är det egentligen du vill ha här på
vårdhemmet? Nog har du något bättre att göra än att
vänta här på att lämna din kropp?"

Under tidsperioden som följde, tänkte jag ofta på
henne, jag kände att vi var förbundna på ett andligt
plan och i en gemensam välsignelse, men vi träffade
inte på varandra, eftersom jag under den här tiden
bara arbetade några dagar varje vecka.

Men, bara en vecka sedan kom hon och satte sig ned
bredvid mig och berättade att hon varit inne i Wetzlar

under dagen och handlat nya kläder. För "gäster" på vårdhemmet (officiellt kallar vi patienterna detta) är något sådant oerhört ovanligt.

Jag sade åt henne att jag tyckte detta var storartat - nu kunde hon verkligen åka hem igen. Hon sade att hon bett om förnyade rapporter om sin sjukdom, för att hon ville åka hem nästa onsdag, vilket var igår.

När den medicinska rapporten kom, rapporterades hennes cancerdiagnos som "negativ", det vill säga man hade inte funnit ett spår av den längre.

I en bok som ligger i vår reception, där gästerna kan skriva in vad de vill, såg jag efter det att hon avrest för att åka hem att hon skrivit "Det är helt otroligt, men jag upplevde en sådan underbar omvårdnad här, och den fick mig att känna hur jag blev friskare för varje dag som gick..."

Helande händer.

I gemenskap.

I anden.

Genom kroppen som ett välgörande verktyg för lärande.

Den här lycklige eleven till Kursen, Michael, har upplevt helande på den lärande-nivå han befinner sig och med detta ett mirakel i tysthet, som gett sig tillkänna som ett synbart resultat i världen.

Det här är den lyckliga drömmen jag med detta vill dela med mig av, till er.

Och jag känner att jag delar den här upplevelsen på ett andligt plan med ledningen och vårdpersonalen på vårdhemmet "Emmaus Hus", eftersom någon har lagt till några ord efter hennes avskedstext: "Hurra och Tack!"

10. Resan till frihet.

Av Sandy Sparkle, Ungern
21 oktober 2014
(Översatt till svenska av Lars Gimstedt.)

Året var 2012, och jag skrev en lista över mina 100 viktigaste drömmar och önskemål, som en inledande uppgift i arbetet för ett företag inom nätverksmarknadsföring. Jag längtade efter frihet. Jag var urless på att arbeta som anställd bara för pengar i ett jobb jag avskydde och som tråkade ut mig. Jag var urless på att vakna varje morgon till tanken "Å nej, det är morgon igen, jag vill inte stiga upp och åka till jobbet". Jag var urless på att kompromissa med mina drömmar och min inspiration. Jag längtade desperat efter frihet.

Jag trodde att jag hittat lösningen. Jag hade vid den här tiden fortfarande tendensen att tro att jag var den som visste bäst vad jag behövde. Jag planerade alltid allting i minsta detalj, och jag försökte att styra mot det resultat jag ville ha. Det var likadant den här gången. Jag satte upp som mitt personliga mål att bli ekonomiskt oberoende, för att kunna göra vad jag ville och när jag ville det. Jag var övertygad om att jag behövde tjäna mer pengar för att ha större valmöjlighet och mer frihet. Jag var helt inriktad på att uppnå finansiell frihet - något jag idag ser - är en motsägelse som term.

Jag började arbeta i MLM-industrin (Multi-Level Marketing, nätverksmarknadsföring) för att kunna bli ekonomiskt oberoende. Men jag kände hela tiden att något inte var rätt. Jag pressade mig själv att

arbetare hårdare och hårdare, men med magert
resultat. Jag utnyttjade andra människor. Jag sa
saker jag inte ens trodde på själv. Jag försökte att
sälja produkter som jag inte tyckte var värda sitt pris.
Jag lurade mig själv och jag sjönk djupare och
djupare ned i skuldkänslor. Hela tiden hade jag
samtidigt känslan att jag inte var tillräckligt duktig
och att jag borde göra mer. Det var som en trasig
skiva som hakat upp sig i mitt huvud, som sa att jag
borde lägga ned mycket mer arbete för att bygga min
framtid och för att uppnå den frihet jag strävade efter.

2103 var året när mitt hjärtas bön Besvarades. En
Kurs i Mirakler kom in i mitt liv. Jag kände mig
plötsligt entusiastisk igen och jag kände en sådan
tillit och en sådan inre vetskap om att det här är det
jag sökt. Jag visste inom mig att de här lektionerna
skulle komma att förändra mitt liv. Efter två veckors
träning blev jag ledd att sluta på MLM-företaget. En
enorm skuld lyftes från mitt sinne. Den inre resan tog
sin början.

Dag för dag blev jag alltmer medveten om att
finansiellt oberoende inte var min innersta önskan.
Jag upptäckte att jag egentligen alltid hade längtat
efter Guds Frid, något som för mig nu kändes som
sann frihet. Guds-beroende som sann frihet... Att
börja följa min inre Ledning gav mig en känsla av
stark lycka och ledde mig också till att börja
samarbeta med mäktiga ledslagare.

2014 leddes jag att ta kontakt med Living Miracles
Community. Detta steg ökade farten på min resa, och
helandet av mitt sinne tog verklig fart. Jag bjöd in
David Hoffmeister till Ungern, jag började översätta
hans böcker till ungerska, jag började förse hans
YouTube-videos med ungerska textremsor, jag
organiserade möten och retreats i Ungern. Jag leddes

till slut till att sluta på mitt vanliga jobb för att ägna mig helt och hållet åt träningen av mitt sinne.

Men, vid det steget bubblade en fruktansvärd rädsla upp. Trots de besparingar jag hade, så skapade det faktum att jag inte längre hade en stadig inkomst, en intensiv och irrationell rädsla som helt dominerade mig. Tankar om den okända framtiden poppade upp hela tiden. Men, jag förstod att egots mörka osäkerhet behövde dras fram till Förlåtelsens Ljus.

Att träna på lektionerna frigjorde mitt sinne varje dag från idén att friheten ligger i framtiden, att friheten är alltid något jag inte hade just nu. Mitt mål blev nu att aldrig sluta tänka på budskapet i lektion 50:

"Jag stöds av Guds Kärlek."

Det jag lärt mig genom denna enda lektion har varit en Gudomlig Gåva varje gång jag valt att minnas den. Och resultatet av det här lärandet - mirakler - har hela tiden visat mig vägen:

När jag började organisera de ungerska eventen, kom en donation in som täckte alla våra gästers boendekostnader. En elev till Kursen kontaktade mig och berättade att hon hade tillgång till en ansenlig summa pengar som avgångsvederlag från sin tidigare arbetsgivare, pengar hon ville donera för att erbjudandet skulle löpa ut i slutet av månaden, och pengarna fick bara användas för hotellkostnader. Villkoren var tydligen sådana att om pengarna inte användes skulle de gå tillbaks till företaget, och hon berättade att hon fått en inre ledning att donera pengarna just till mig.

Ytterligare ett mirakel som hände var att jag oväntat fick ett stipendium för att kunna resa till en sexdagars retreat i Dublin för att få möta David Hoffmeister och hans Messengers of Peace för första gången.

Jag insåg också att mirakler lika väl kan komma på okonventionella sätt, i oväntade former. Många gånger fick jag inte pengar, utan snarare möjligheten att be om hjälp och samarbete.

Ett exempel på detta var när jag kände en inre uppmaning att göra videoinspelningar av våra möten och retreats. Min första tanke var att hyra in någon för att göra det. Det är så jag van att hantera saker, eftersom det alltid har varit svårt för mig att be om hjälp av andra, för att jag kände att jag då skulle hamna i tacksamhetsskuld, och jag ville alltid göra allt på mitt eget sätt och vara oberoende. Men, vår koordinator föreslog att jag skulle vara öppen för nya idéer. Så jag nämnde till min pojkvän att det skulle vara underbart om jag kunde hitta någon som kunde låna ut en videokamera och ett stativ. Han sa då plötsligt att jag borde ringe en kille och fråga honom. Jag blev överraskad och förvånad, men nappade på det, och fick omedelbart ett positivt gensvar. Jag hade svårt att tro att saker kan gå så enkelt och så fort.

Jag känner mig så lycklig och så tacksam över det övertygande jobb Den Helige Ande gjort för mig de här senaste månaderna, och det verkar som det kommer att fortsätta, kanske för att mitt sinne ska befrias från min gamla övertygelse om världens krav på ömsesidighet.

Med pengar som tema fortsätter Den Helige Ande hela tiden att förse mig med återkommande möjligheter att fördjupa min tillit och att utveckla mitt sinne. När jag följer min Inspiration, hand i hand med Den Helige

Ande, känner jag hur älskad och stöttad jag är, varje steg jag tar.

Insikten om att min frihet inte finns långt bort i framtiden ändrade mitt sätt att se världen fullständigt, och den har fått mig att slappna av i inre frid i det närvarande ögonblicket. När rädslan knackar på dörren till mitt sinne, så kan jag välja igen. Varje gång.

Att leva i Det Gudomliga Överflödet är den Sanna Frihet vi alla önskar av hela vårt hjärta. Vi är fria - Nu och För Evigt.

11. Från tvivel till frid.

Av Elsa Laurell
10 november 2014

I mitten av 90-talet, låg jag en dag kvar i sängen hemma med en plågsam migrän. Det här var inte första gången det här hände, men den här gången hade jag fått ut några nya mediciner från smärtkliniken, och jag hade så ont nu att jag nu tog dem allihop. Men kombinationen av de här nya medicinerna fungerade inte alls bra på mig - jag fick en fruktansvärd ångest, samtidigt som huvudvärksplågorna var kvar.

Det kändes så otäckt att jag trodde jag skulle gå upp i limningen och börja klättra på väggarna eller dö. Jag bad till Gud och Jesus om hjälp, men mitt tillstånd blev bara värre och värre. Jag var så omtöcknad av plågorna att jag inte ens kom på att ringa någonstans för att få hjälp, utan jag låg bara kvar i mitt sovrum.

Men, helt plötsligt, blev allt ljust omkring mig och värken släppte. Ett underbart välbehag genomsyrade mig och jag kände mig så lättad och så underbart befriad från värken och ångesten. I detta ögonblick hörde jag en röst som sa ”*Du ska vara med mig!*”

Jag fattade inte var rösten kom ifrån och förstod inte heller vad som menades med de här orden. De lät nästan lät som en befallning, fast ändå inte hårt eller kommenderande. Men jag brydde mig inte så mycket om den exakta ordalydelsen just då, eftersom det viktigaste var att jag blivit fri ifrån de fruktansvärda plågorna. Jag steg upp och fungerade normalt resten av dagen, till min oerhörda lättnad.

Efter den här händelsen funderade jag ofta över vad som menades med *"Du ska vara med mig"* och varifrån orden kom. Några veckor efter att det hänt fick jag tillfälle att berätta om min upplevelse på en träff i ett kyrkligt sammanhang med några representanter från olika kyrkor i staden jag då bodde i. Omedelbart efter att jag slutat min berättelse utbrast en pastor från Missionsförbundet att det måste ha varit Jesus. Men, de andra prästerna och pastorerna valde att inte säga någonting... Eftersom jag inte hade sett någon gestalt utan enbart ett starkt ljus kunde jag inför dem varken intyga eller förneka närvaron av Jesus i samband med upplevelsen.

Under en lång tid efter den här märkliga upplevelsen var jag helt fri från migränattacker, men efter några månader kom de tyvärr tillbaks igen.

Då och då undrade jag om det kunde ha varit så, att jag hört fel och missat ett ord - "ett" - och att det kanske egentligen skulle ha varit: "Du ska vara *ett* med mig". Jag funderade också mycket på ordet "ska". Det lät så uppfordrande, vilket gjorde mig mer och mer fundersam på om det verkligen var en kärleksfull andlig varelse som talat till mig.

De här tvivlen drabbade mig i vågor, men jag kunde samtidigt aldrig förneka minnet av den underbara upplevelsen jag hade haft i samband med orden. Att få vara med om en sådan fantastiskt salighetstillstånd efter att ha varit så smärtfylld, det kunde jag helt enkelt inte avfärda ur mina tankar och mitt minne. I mitt innersta, var jag dessutom hela tiden djupt tacksam över att ha fått en sådan här

glimt av en himmelsk tillvaro, så den exakta
ordalydelsen hos rösten kändes trots allt inte viktig.

Under åren som förflöt efter det här läste jag flera
böcker om JAG-ÄR-närvaro med både en själv och det
gudomliga, och hittade många saker som på något
sätt bekräftade min upplevelse.

Många år sedan fick jag lära mig en bön av en
bekant:
*"Kom helige ande till mig in, upplys min själ och
upptänd mitt sinne så att jag i dig får vara".*
I stunder av smärta och svårigheter har jag alltid
använt den här bönen, och varje gång har den fått
mig att må bra igen, fast kanske inte så kraftfullt som
när jag hörde de där orden *"Du ska vara med mig"*.

En annan sak som slog mig var att jag många gånger
hade märkt att jag uppfyllts av en speciell känsla av
storhet och helighet, när jag sjungit sången

*"Oh, Great Spirit, earth, sun, sky and sea. You are
inside and all around me".*
*("Å Store Ande, jord, himmel och hav. Du finns i mig
och överallt omkring mig.")*

Men det var först helt nyligen, under denna sommar
år 2014, som jag fick helt klart för mig att det faktiskt
kunde ha varit Den Helige Ande som talat till mig. Det
var när jag läste "Bortom Universum " av Gary
Renard. Det kändes som om polletten trillade ner och
pusselbitarna började falla på plats.

Under hösten läste jag sedan den andra boken av
samma författare, "Liv utan slut" och där står det en
bit in i boken:
*"Den Helige Ande kommer inte enbart visa sig som en
Röst. Den Helige Ande kan visa sig i form av intuition,*

en idé, en känsla eller tala till dig genom en annan person".

"Anden kan också tala till dig via drömmar".

Och efter att ha läst hans tredje bok, "Kärleken omsluter alla" blev jag till slut helt övertygad om att min upplevelse verkligen handlat om Den Helige Ande, framför allt när jag läste, knappt hundra sidor in i boken:

"Visualisera sedan att du omsluts av Den Helige Andes vackra, rena, vita ljus".

Efter det här vek mitt mångåriga tvivel undan helt, och det känns nu som om jag fått en nära vän i och med både själva upplevelsen av Hans tydliga Röst nästan tjugo år sedan och med min nu starka tro på Vem det var som Talade till mig. Nu känner jag hela tiden en inre trygghet, ett större lugn. Jag känner en tillit, som jag tidigare saknade. Nu kan jag utan vidare öppet säga:

*"Jag **vill** vara med Dig, Käre Helige Ande!"*

12. [Bidra med nya kapitel!]

Den här boken är ett samarbetsprojekt, där "elever" till En Kurs i Mirakler bjudits in att bidra med korta berättelser om vardagsmirakler som resultat av att överlämna sina beslut till Den Helige Ande.

Jag kommer att fortsätta att be om nya bidrag på min hemsida (http://psykosyntesforum.se/Svensk/En_kurs_till_mirakler.htm) och på olika sociala media på internet. Mitt mål är att nå 100 berättelser!

Nya utgåvor kommer att publiceras när nytt material kommit till.

Om du köpt e-boken via min hemsida (se länken ovan), kommer du att kunna ladda ned den nya utgåvan gratis via den nedladdnings-sida du fick när du köpte boken.

Om du tecknar dig för **nyhetsbrevet** som är kopplat till e-kursen Ett psykosyntesperspektiv på EKIM, kommer du få meddelanden när nya utgåvor har publicerats: psykosyntesforum.se/Svensk/kurser_EKIM.htm .

Gå till webb-sidan psykosyntesforum.se/Svensk/En_kurs_till_mirakler.htm för instruktioner för hur du kan bidra!

Med kärlek
Lars Gimstedt

www.ingramcontent.com/pod-product-compliance
Lightning Source LLC
Chambersburg PA
CBHW060428050426
42449CB00009B/2186